1906 (30 Mars)

Trois Panneaux décoratifs

par François BOUCHER

Quatre Tableaux

par J.-B. HUET

Appartenant à M. le Comte WALSH DE SERRANT

Me F. LAIR-DUBREUIL

M. GEORGES SORTAIS

TABLEAUX ANCIENS

APPARTENANT

à M. le Comte WALSH DE SERRANT

CONDITIONS DE LA VENTE

Elle sera faite au comptant.

Les adjudicataires paieront *dix pour cent* en sus des enchères.

Paris. — Imp. Georges Petit, 12, rue Godot-de-Mauroi. — 16277-06.

CATALOGUE

DE

Trois Panneaux décoratifs

PAR

FRANÇOIS BOUCHER

ET DE

QUATRE TABLEAUX

PAR

J.-B. HUET

Appartenant à M. le Comte WALSH DE SERRANT

ET DONT LA VENTE AURA LIEU

HOTEL DROUOT SALLE N° 6

Le Vendredi 30 Mars 1906

à 4 heures

Mᵉ F. LAIR DUBREUIL COMMISSAIRE-PRISEUR 6, rue de Hanovre, 6	Mʳ GEORGES SORTAIS PEINTRE-EXPERT PRÈS LE TRIBUNAL CIVIL 11, rue Scribe, 11

EXPOSITIONS

PARTICULIÈRE : *Le Jeudi 29 Mars 1906, de 1 heure 1/2 à 6 heures*

PUBLIQUE : *Le Vendredi 30 Mars 1906 (jour de la vente), de 1 heure 1/2 à 4 heures*

Les sept œuvres qui sont décrites plus loin ont fait l'objet d'une communication publique au *Congrès des Sociétés des Beaux-Arts des départements,* il y a un peu plus de vingt ans.

Voici, en effet, ce qu'on lit aux procès-verbaux et mémoires, publiés par les soins du Ministère de l'Instruction publique et des Beaux-Arts :

TABLEAUX DE BOUCHER ET DE J.-B. HUET

TROUVÉS A SAINT-MARTIN-DU-LIMET

« ..... Le Marquis d'A... fit construire, par l'architecte Pommereul, en 1780, avec le surplus des matériaux de l'important » château de Craon, une petite maison pour sa maîtresse, » Mlle de la S..., qu'il avait enlevée au château de C...

» Nous passerons sous silence cette histoire romanesque, » et nous n'indiquons que par des initiales les noms des héros » de cette aventure, dont les familles existent encore.

» Ce fut lors de cette construction, que le Marquis d'A... » commanda ces tableaux au premier peintre du Roi Louis XV, » François Boucher, à qui l'on doit tant d'amours frais et joufflus, de nymphes roses et blanches ; et à J.-B. Huet, son élève, » membre de l'Académie de Peinture, peintre et graveur très

» apprécié, non seulement pour ses pastorales, mais aussi pour » ses paysages et ses animaux.

» Les quatre premiers tableaux sont signés en toutes lettres » J.-B. Huet; ce sont des scènes champêtres et galantes, où des » bergers d'opéra-comique, enrubannés et houlette en main, » offrent des fleurs et courtisent de fort près d'adorables ber- » gères, dans des paysages aux riantes perspectives, peuplés de » moutons, de colombes, de chiens et de chèvres. On ne peut » rien rêver de plus gracieux dans ce genre; comme les peintres » en vogue à cette époque, Huet a cherché à charmer les yeux et » à reproduire les sujets les plus gracieux avec les tons les plus » frais de sa palette; ce sont des œuvres *touchées de goût,* comme » on disait du temps de Diderot.....

» Les trois autres ne portent que les initiales F. B.[1]; mais, » grâce à leur complète et parfaite conservation, on peut admirer » le coloris, la touche vive, large et savante du maître en ce » genre, de François Boucher! Ces trois tableaux représentent » des groupes d'amours et d'enfants, les uns jouant avec grâce, » d'autres tenant des instruments de musique..... »

Tancrède Abraham,
Correspondant du Comité des Sociétés des Beaux-Arts,
Vice-Président de la Société des Arts réunis
de la Mayenne.

1. Note de l'expert : *Nous n'affirmons pas que ce monogramme n'ait pas été apposé postérieurement.*

Trois Panneaux décoratifs

PAR

FR. BOUCHER

J.-F. BOUCHER

Diderot, qui ne fut pas toujours tendre pour Boucher, lui a cependant rendu justice en des lignes enthousiastes, qu'il ne peut se défendre d'écrire, quelque méchante humeur qu'il en ait ; les voici ; elles sont datées de 1761 :

« *Personne n'entend comme Boucher l'art de la lumière et des ombres. Il est fait pour tourner la tête à deux sortes de personnes, les gens du monde et les artistes. Son élégance, sa mignardise, sa galanterie romanesque, sa coquetterie, son goût, sa facilité, sa variété, son éclat, ses carnations fardées, sa débauche, doivent captiver les petits maîtres, les petites femmes, les jeunes gens, les gens du monde, la foule de ceux qui sont étrangers à la vérité, aux idées justes, à la sévérité de l'art. Comment résisteraient-ils un instant aux pompons, aux nudités, au libertinage, à l'épigramme de Boucher ? Les artistes qui voient jusqu'à quel point cet homme a surmonté les difficultés de la peinture, et pour qui c'est tout que ce maître, qui n'est guère bien connu que d'eux, fléchissent le genou devant lui ; c'est leur dieu. Au reste, ce peintre est à peu près en peinture ce que l'Arioste est en poésie. Celui qui est enchanté de l'une est inconséquent s'il n'est pas fou de l'autre. Ils ont, ce me semble, la même inspiration, le même goût, le même style, le*

2

même coloris. Boucher a un faire qui lui appartient tellement, que dans quelque morceau de peinture qu'on lui donnât une figure à exécuter, on la reconnaîtrait sur le champ. »

Parlant des *Amours*, dans l'œuvre de Boucher, Edm. et J. de Goncourt s'expriment comme il suit :

« ..... *Il les suspend en grappes ; il les noue en couronne, il les répand, il les essaime comme dans une frise de Clodion ; il les culbute dans le giron des Grâces. Il disperse leur bande, il les rassemble ; il donne à tous l'envolée, il les jette nus et polissonnant sur la nuée. Ce sont les enfants gâtés du pinceau de Boucher. Joufflus, les cheveux frisés et leur volant au front en gros accroche-cœurs, leurs larges prunelles souriant à travers leurs grands cils, le petit nez au vent, la bouche en cul de poule, le menton fendu par une fossette, ils sont partout dans son œuvre... Et qu'ils mangent à pleine bouche le raisin des bacchantes, ou qu'ils visent au blanc dans la cible d'un cœur, ou qu'ils représentent les saisons, ou, qu'armés du maillet ou du ciseau, ils aient l'air d'amours échappés de l'opéra de* Pygmalion, ou qu'ils soient seulement des enfants qui s'amusent, *ils sont charmants, avec leurs petites mains engorgées, leurs jointures bouffies, leurs ventres ronds où le nombril semble une fossette, leurs derrières de Cupidon, leurs mollets dodus, leurs formes ébauchées et remplies, qui parfois, sous le crayon de Boucher, prennent une ampleur presque superbe.* »

(*L'Art au XVIIIe siècle :* BOUCHER.)

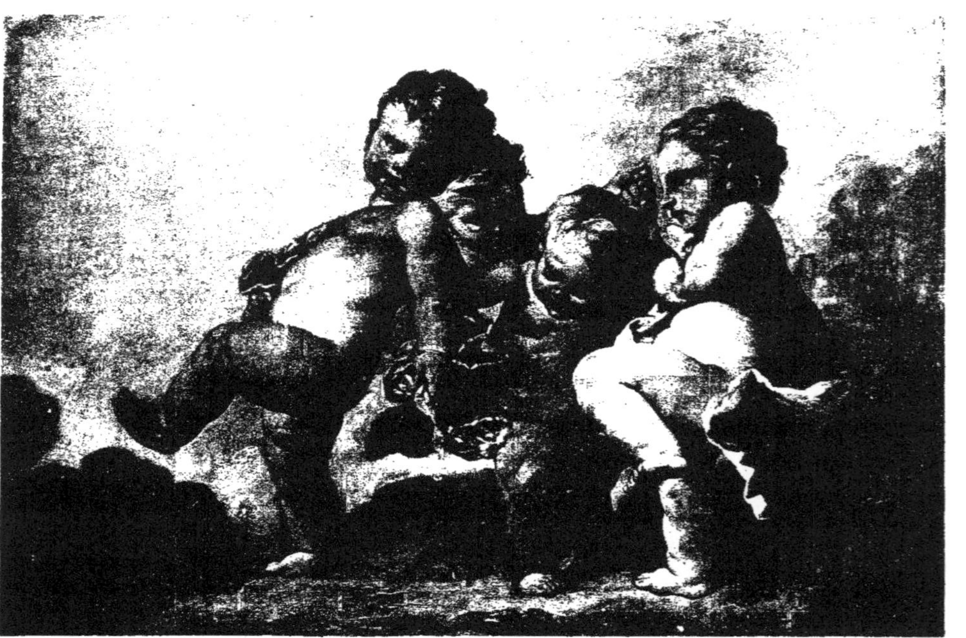

N° 1

BOUCHER

(FRANÇOIS)

Paris, 1703-1770.

Nº 1

Amours jouant.

Les voilà tous les quatre, qui courent et se bousculent, heurtant leurs chairs roses et dodues, et portant dans leurs regards fûtés et espiègles toute la joie de leur amusement.

Signé à gauche, en bas : *F. B.*

Toile. Haut., 55 cent. ; larg., 81 cent.

BOUCHER

(FRANÇOIS)

N° 2

Amours musiciens.

L'un, à gauche, danse en s'accompagnant du rythme d'un tambour de basque : les deux autres bambins sont assis par terre : l'un joue de la clarinette, tandis que son compagnon, pour regarder, s'arrête de souffler dans un flageolet.

Signé en bas, vers la gauche : *F. B.*

Toile. Haut., 81 cent.; larg., 84 cent.

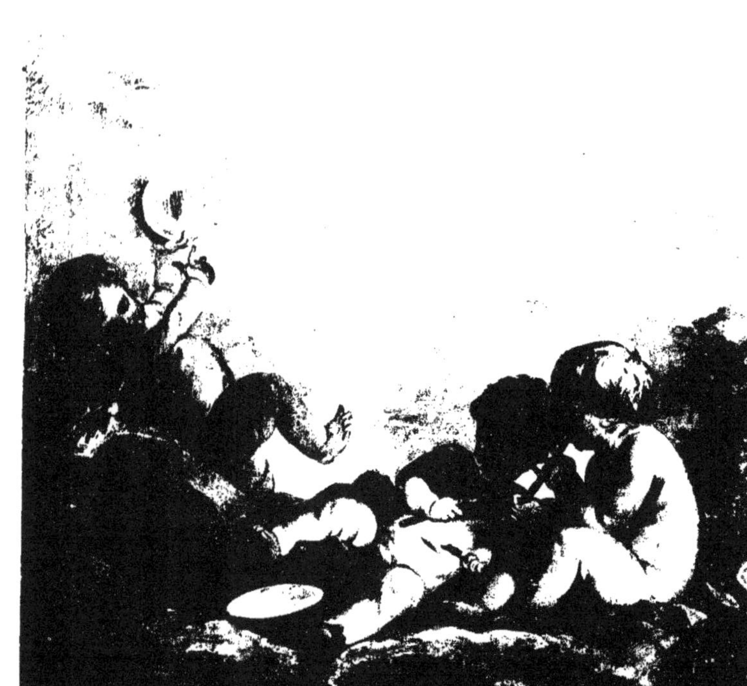

N° 2

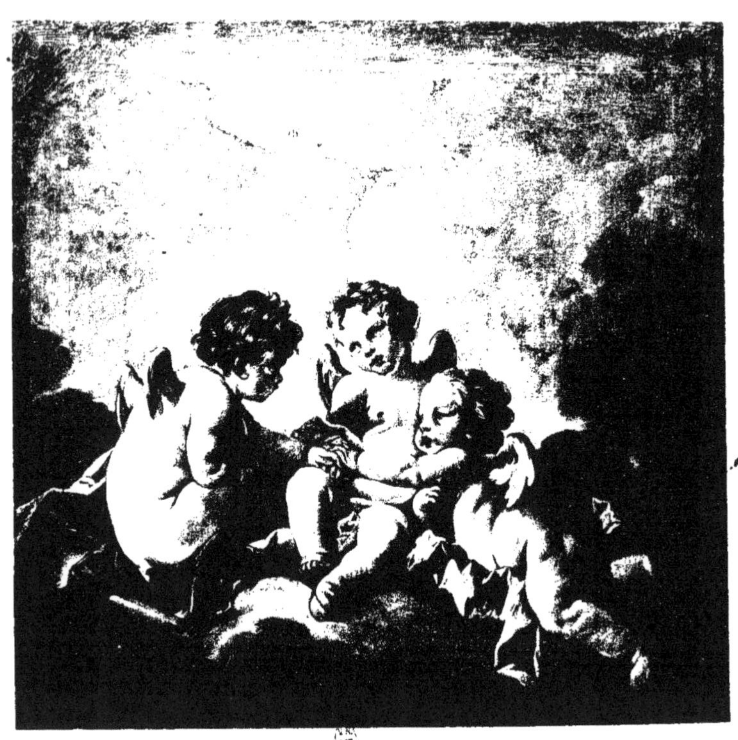

N° 3

BOUCHER

(FRANÇOIS)

N° 3

Amours jouant au passe-main.

Ils sont trois : ils passent leur main l'une sur l'autre, et c'est la cuisse du bambin du milieu, vu de face, qui leur sert de table ; mais celui de gauche, qui a surpris l'autre à tricher, semble furieux : son profil dessine une moue dépitée, au spectacle de laquelle ses deux compagnons ont peine à ne pas rire.

Signé en bas, vers le milieu : *F. B.*

Toile. Haut., 81 cent. ; larg., 84 cent.

QUATRE TABLEAUX

DE

J.-B. HUET

J.-B. HUET

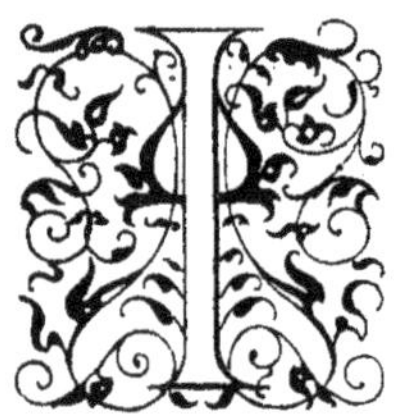

Il semble bien que la critique ait été sévère pour J.-B. Huet. Le *Mercure* lui décoche, au moment des Salons du Louvre, ses flèches les plus empoisonnées. C'est que Huet ne s'est pas spécialisé, et cela étonne. Peintre, graveur, dessinateur, il fait montre d'une fécondité peu commune ; on aurait voulu sans doute qu'il s'en tînt aux animaux, dont il avait étudié avec soin l'anatomie. Mais l'artiste ne l'entendait pas ainsi : le paysage le tentait, et la figure, et même l'histoire ; et il était trop parisien, trop mêlé à la vie de son temps, trop pénétré de la sentimentalité spéciale de ses contemporains en matière d'art, pour ne pas se laisser aller à ces bergeries pimpantes, où une apparence d'ingénuité enchantait les gens... si peu ingénus. De là ces tableaux de genre où les bergers et les bergères sont incités aux mêmes épanchements de tendresse ou de mélancolie : ce que les tableaux expriment, les petits poètes le racontent en des piécettes qui courent les ruelles, se fixent aux cahiers des *Almanachs des Muses* et des *Étrennes anacréontiques,* et se chantent dans les boudoirs avec accompagnement de guitare ou d'épinette. C'est de la psychologie béatement simplice, à l'usage des personnes à l'âme infiniment complexe.

Aujourd'hui, le sujet des bergers de J.-B. Huet ne nous intéresse plus que comme marquant bien le caractère d'une époque ; mais ce qui nous séduit, c'est l'adresse de la composition, c'est l'habileté du dessin, c'est l'éclat de la couleur, c'est toute la technique de ce peintre, qu'on ne voulut un temps traiter que comme un improvisateur à la verve facile, et qui nous apparaît, aujourd'hui où on le connaît mieux, où l'on a plus avant pénétré dans le secret de son effort, comme un prodigieux travailleur, très convaincu que le devoir de l'artiste est de s'enfermer dans une continuelle étude.

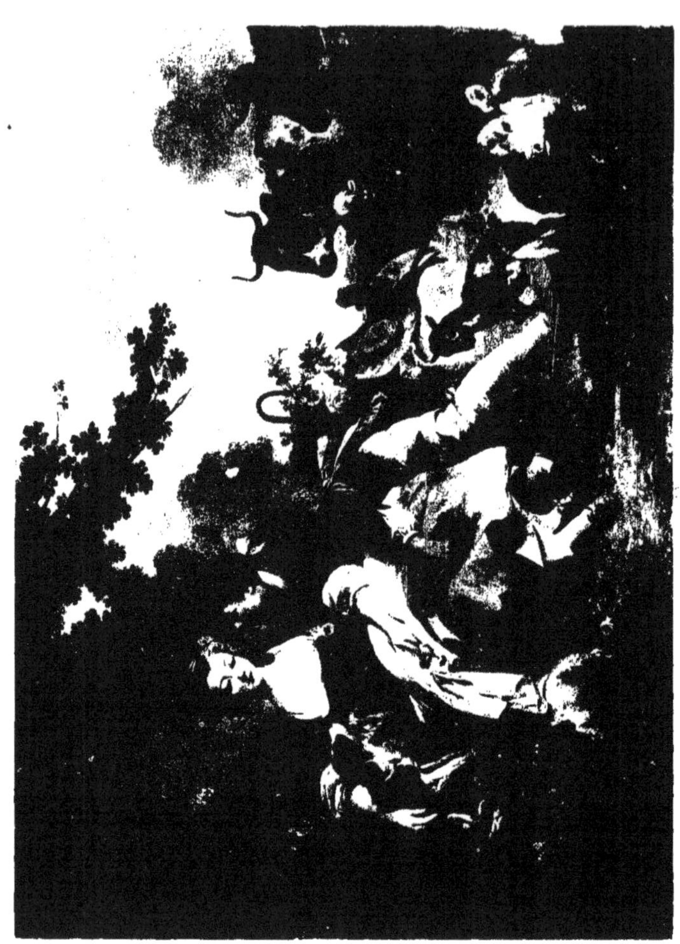

HUET

(J.-B.)

Paris, 1735-1811.

N° 4

Le Berger galant.

Tandis que paissaient leurs bœufs, leurs chèvres, leurs agneaux, ils se sont assis tous deux à l'ombre des frondaisons vertes.

> Adieu, ville, vous command[1] :
> Il n'est plaisir que des champs !

ainsi que le disait la vieille chanson rustique de Darinel (1769).

Elle, la belle, en corsage décolleté, flatte de sa main droite le flanc de son chien, assis près d'elle et la contemplant, plus qu'il ne la défendra. Lui, l'amoureux, se presse contre la bergère, les mains prêtes à fureter : il ne fait pas que se presser : il est pressant, et son discours doit emprunter au spectacle qu'il a sous les yeux un singulier accent de conviction.

> A quoi pensez-vous, bergère,
> En cette fleur de quinze ans :
> La beauté passe légère,
> Comme la fleur au printems.

La belle, les yeux baissés, la main gauche, tenant une fleur, appuyée sur la cuisse droite, fait appel à la sagesse,

> Répond qu'elle est si jeunette
> Que n'entend son prêchement ;
> Mais qu'on dit qu'en amourette
> Il n'y a que peine et tourment...

Mais bast ! le ciel est clair, il y a des chansons plein les nids, le soleil met le hâle sur la joue et du feu sur les lèvres : laissons le berger galant égrener son chapelet d'amour.

> Adieu, ville, vous command[1] :
> Il n'est plaisir que des champs !

Signé à droite, vers le milieu : *J.-B. Huet, 1786.*

Toile. Haut., 65 cent. ; larg., 86 cent.

1. Vous laisse.

HUET

(J.-B.)

N° 5

Les Doux serments.

Le berger est assis aux pieds de la bergère : tous deux sont en coquets atours ; autour d'eux des brebis, des moutons, des chèvres se reposent ; des paniers d'osier laissent déborder les cueillettes matinales de fleurs endiamantées de rosée. Le soleil s'est levé sur un coin de paysage enchanté. A gauche, une fontaine monumentale encadrée de feuillages ; à droite, un massif d'arbres, qui dresse sa masse d'ombres transparentes sur une vallée.

Le berger, tout en contemplant la bergère, lui offre un nid de colombes blanches, et la bergère, la main droite levée, se plait à faire redire les serments qui mettent en son cœur un intime frisson de volupté.

Mais encore que le berger soit sincère et la bergère prudente, c'était le temps où Masson de Morvilliers chantait :

Profitons de notre jeunesse :
C'est l'âge heureux de la gaîté :
Malgré la chagrine vieillesse,
Livrons-nous à la volupté :
Pourquoi dans la printems de l'âge
Vouloir contraindre nos désirs?
On est toujours assez tôt sage ;
Il n'est qu'un temps pour les plaisirs!

Et alors !.....

Signé à gauche, en bas : *J.-B. Huet, 1785.*

Toile. Haut., 71 cent.; larg., 85 cent.

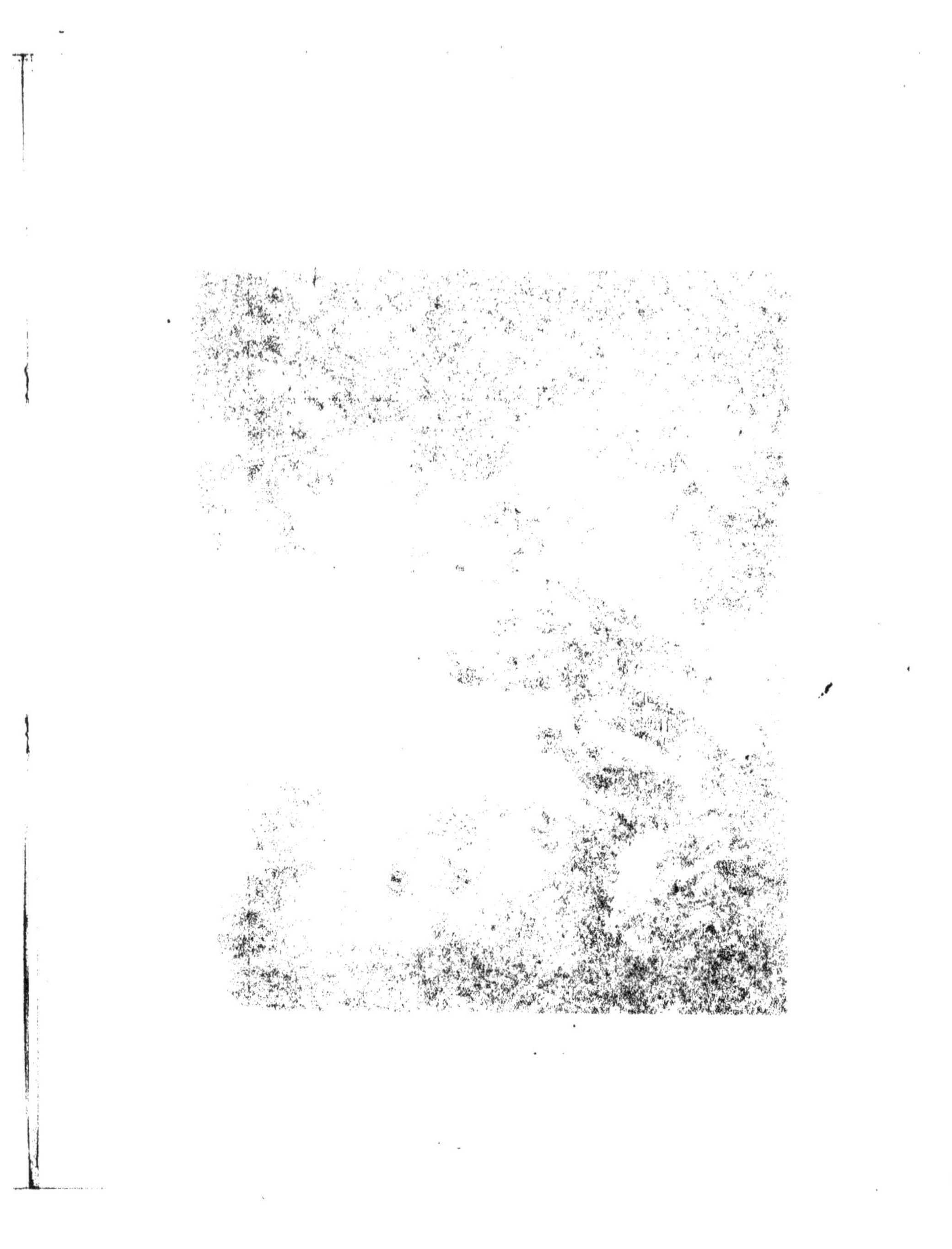

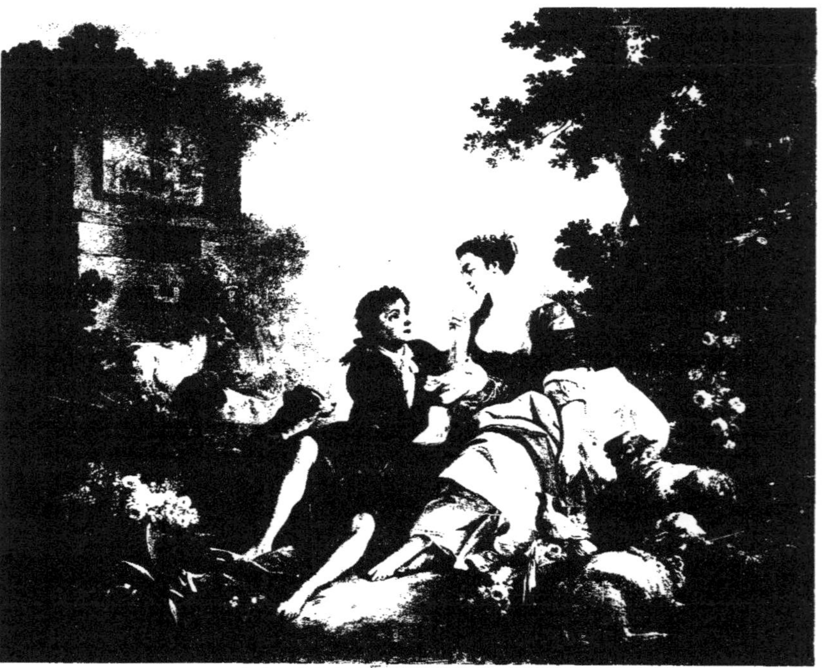

N° 5

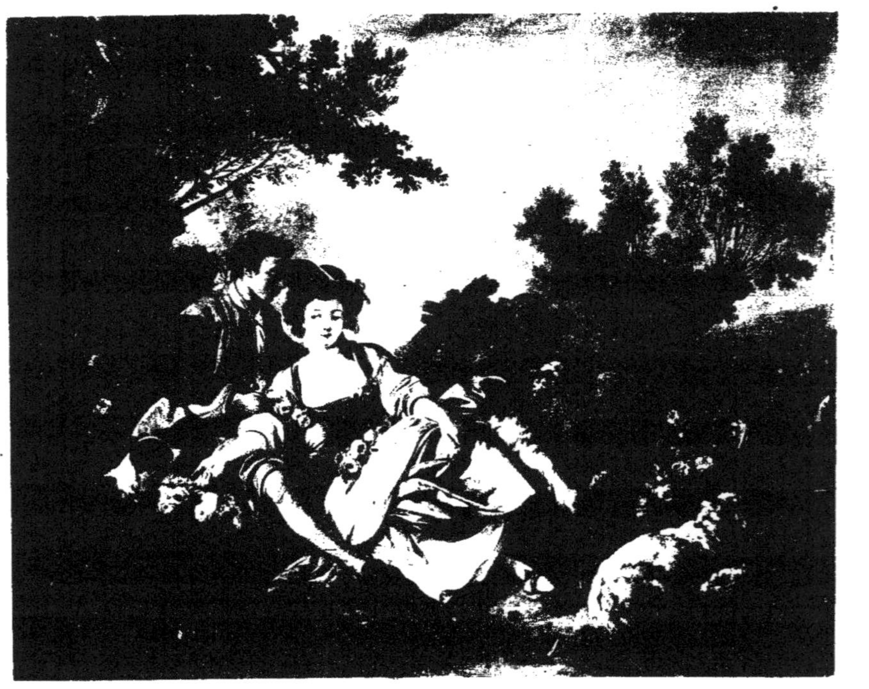

N° 6

HUET

(J.-B.)

N° 6

Le Repos dans la campagne.

La jolie bergère vient de cueillir des fleurs, et, pour se reposer, elle s'est laissé choir sur le talus, près du berger galant dont elle écoute les tendres propos. Elle tient encore de sa main droite l'anse de son panier tout rempli de fleurs, et son bras s'appuie sur le genou du berger : ce sont des fleurs également qui débordent de sa jupe relevée ; son corsage est amplement décolleté, ce qui ne va pas sans occuper l'attention du galant. Autour d'eux, leurs chiens et leurs moutons.

Le berger, dont les mains arrangent des fleurs, affecte un air grave : son discours doit ressembler à celui que Léonard met dans la bouche d'un galant :

A quoi sert d'embaumer nos dépouilles mortelles,
Et sur de vains tombeaux pourquoi semer des fleurs ?
C'est tandis que la vie anime encore nos cœurs,
Qu'il faut nous couronner de guirlandes nouvelles.
Profitons du jour serein
Que ramène la nature ;
L'impénétrable destin
A caché le lendemain
Dans la nuit la plus obscure.
Loin de nous chagrin, tourment,
Inquiétude ennemie !
La saine philosophie
Est de voyager gaîment
Sur la route de la vie ;
On n'y paraît deux instants ;
Donnons-les à la folie !
Puis, nous partirons contents
Pour l'abîme où tout s'oublie !

Ces vers, coïncidence curieuse, portent la même date que le tableau.

Signé à gauche, en bas : *J.-B. Huet, 1785.*

Toile. Haut., 71 cent. ; larg., 85 cent.

HUET

(J.-B.)

N° 7

L'Heureux tourment.

La jolie bergère s'est à demi étendue sur l'herbette fleurie : son costume, aux couleurs vives, se prête aux capiteuses indiscrétions ; la bergère n'a rien de caché pour ses brebis, qui l'entourent : elle s'abandonne à la griserie des fleurs qui s'épanouissent près d'elle : elle vient d'apercevoir deux colombes blanches qui s'envolaient vers la gauche, avec un doux bruit d'ailes, et voici qu'apparaît dans le ciel un petit amour fûté, qui tient de ses deux mains écartées des couronnes d'hyménée.

L'air de la belle est d'une délicieuse ingénuité, et un poète très oublié la dépeignait toute dans ces vers, publiés en 1787 :

Dans le vallon, je viens de voir Sylvandre :
Il s'est vers moi, d'un air triste, approché :
Il soupirait, je ne pouvais l'entendre,
Et cependant mon cœur était touché.

Sur mon bouquet, puis sur ma colerette,
Puis sur mes yeux, ses yeux il arrêtait :
Il se taisait..... Ma bouche était muette,
Et, comme à lui, le cœur me palpitait.

De moi, pauvrette, avait-il rien à craindre ?
Ciel ! Ai-je rien que je n'eusse accordé !
Non..... d'un refus, il n'a point à se plaindre :
Il n'a rien dit, il n'a rien demandé.

Pour ma houlette, il m'a donné la sienne,
J'ai cru sans mal pouvoir l'abandonner :
Entre ses mains, il a pressé la mienne ;
Que voulait-il ?..... Je cherche à deviner !.....

Cela se chantait sur l'air du caveau : *Triste saison !* Et c'est comme un coin de la vie sentimentale d'autrefois qu'évoque en notre esprit cette gracieuse peinture.

Signé à gauche, en bas : *J.-B. Huet, 1786.*

Toile. Haut., 51 cent. ; larg., 81 cent.

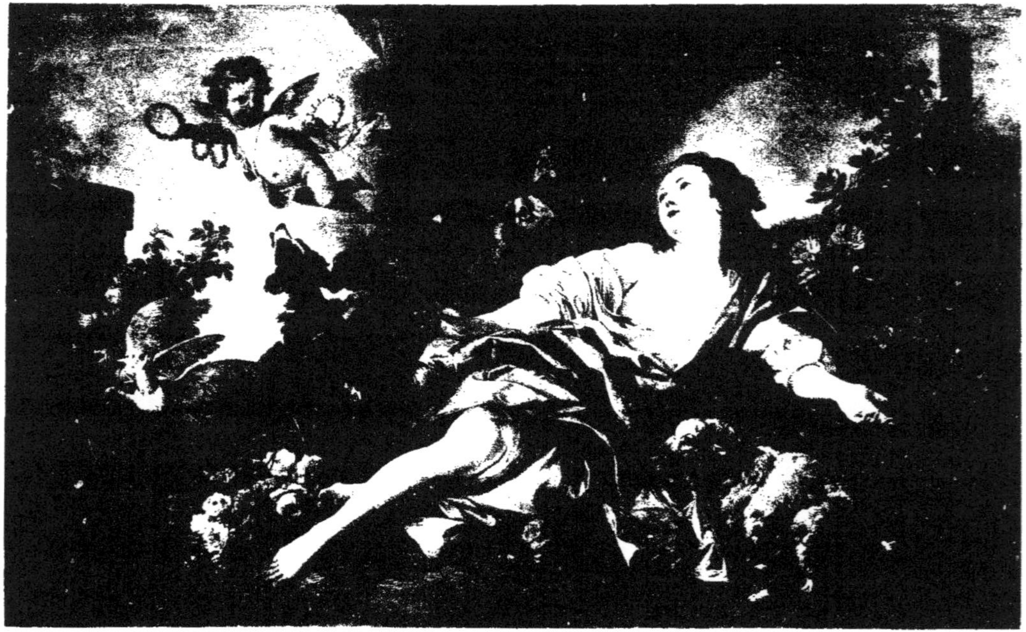

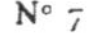

N° 7

www.ingramcontent.com/pod-product-compliance
Ingram Content Group UK Ltd.
Pitfield, Milton Keynes, MK11 3LW, UK
UKHW021656260726
13994UKWH00003B/1482

9 782329 507828